Published By Robert Corbin

@ Gaspar Giron

Dieta Vegetariana: Recetas De Dieta Vegetariana

Para Una Alimentación Saludable Y Equilibrada,

Adelgazar Y Vivir Larga

Todos los derechos reservados

ISBN 978-87-94477-00-0

TABLA DE CONTENIDO

Pudín De Semillas De Chía Fácil 1

Desayuno Saludable Granola 2

Pasta Al Pesto De Limón Y Girasol 4

Curry Rojo Tailandés 6

Sopa De Chile Verde 8

Sopa De Patata Española Y Pimiento Poblano 10

Sopa Cremosa De Patata Nuez 13

Tofú Sandwich Vegetariano 16

Pastel De Espinaca 18

Ensalada De Frutas Y Queso Fresco 21

Ensalada De Pera Y Queso Gorgonzola 23

Cena - Pizza De Chile Banana 25

Crema Keto Y Pastel De Bayas 27

Calabaza Espagueti Con Hierbas 29

Deliciosos Filetes De Repollo 31

Hongo Stroganoff 33

Risotto De Lentejas 36

Chile Rojo Vegetariano 38

Chile Verde Vegetariano 41

Sopa De Calabaza, Lentejas Y Alholva 43

Sopa De Lentejas Y Calabaza Sichuan 45

Fritata De Espárragos Y Tomate 48

Tortilla De Calabacín 51

Ensalada De Frutos Mixtos 53

Ensalada De Tofu 55

Queso Y Bistec Dijon 57

Vainas De Guisantes Con Coco 59

Arroz Mexicano De Coliflor 61

Puré De Espárragos 63

Tarta De Pastor Vegano A La Manera Tradicional 65

Arroz De Espinacas Y Zanahoria 68

Sopa De Tortilla 70

Sopa De Verduras Keto 72

Sopa De Curry De Calabaza 74

Sopa De Calabaza Y Jengibre 76

Fuente De Coliflor Con Crema De Coco 79

Crema De Leche De Coco Con Frutillas 82

Ensalada Templada De Arroz, Verduras Y Tofu 84

Ensalada Vegetariana Con Tofu 89

Hash Cajún De Coliflor 91

Ensalada De Huevo Y Aguacate 93

Sopa Cremosa De Calabaza 95

Espinacas Con Leche De Coco 97

Perritos Calientes De Tofu Con Chile 98

Macarrones Con Tomate Y Queso Vegano 101

Sopa De Repollo Keto 103

Ensalada De Repollo Asiático 105

Sopa De Calabaza Y Frijol 108

Sopa De Calabaza Y Lentejas Simple 110

Sopa De Zanahoria Y Estragón 112

Ensalada De Huevo A La Romana 114

Coles De Brusela A La Crema 116

Ensalada Griega Vegana 119

Ensalada De Patata, Aguacate Y Cebolleta................... 121

Ensalada Con Coles De Bruselas Y Queso...................... 123

Cereales Keto Bajo En Carbohidratos........................... 125

Sándwich De Ensalada De Atún Y Eneldo...................... 127

Coles De Bruselas Salteadas.. 129

Ensalada De Nabos Y Zanahorias 131

Gratinado De Calabaza Dorada, Pimiento Morrón Y
Tomate 132

Chile Vegetariano 135

Hongos Picantes 137

Fideos De Calabacín Con Hierbas 140

Crema De Zanahoria De Almendras Y Sopa De Apio.... 142

Sopa De Zanahoria Tailandesa Y Apio 144

Sopa De Zanahoria Francesa Cremosa 146

Ensalada A La Romana 148

Ensalada De Tomate Y Queso Vegetariano 149

Mayonesa De Zanahoria 151

Pudín De Semillas De Chía Fácil

Ingredientes:

- ½ cucharadita de extracto de vainilla
- ½ taza de semillas de chía
- 2 tazas de leche de coco sin azúcar
- ¼ cucharadita de canela
- 15 gotas de stevia líquida

Direcciones:

1. Agregue todos los Ingredientes: en el frasco de vidrio y mezcle bien.
2. Cierre el frasco con la tapa y colóquelo en el refrigerador durante 4 horas.
3. Servir frío y disfrutar.

Desayuno Saludable Granola

Ingredientes:

- 2 cucharada de aceite de coco, derretido
- 4 paquetes de Splenda
- 2 cucharaditas de canela
- 1 taza de nueces, picadas
- 1 taza de hojuelas de coco sin azúcar
- 1 taza de almendras rebanadas

Direcciones:

1. Precalentar el horno a 375 F 190 C.
2. Rocíe una bandeja para hornear con aceite en aerosol y reserve.
3. Agregue todos los Ingredientes: en el tazón mediano y mezcle bien.

4. Extienda la mezcla del tazón en una bandeja para hornear preparada y hornee en horno precalentado durante 10 minutos.
5. Servir y disfrutar.

Pasta Al Pesto De Limón Y Girasol

Ingredientes:

- 1 cucharadita de piel de limón rallada
- 12 cucharada de ajo picado
- 14 taza de aceite de oliva extra virgen
- 1 jalapeño pequeño, picado
- 12 taza de hojas frescas de albahaca
- 1 taza de espinaca
- 13 taza de levadura nutricional
- 1 taza de agua escurrida de la pasta cocida
- Sal al gusto
- Pimienta en polvo al gusto

- Cocine 5 onzas de pasta de su elección, de acuerdo con las instrucciones del paquete.

- 12 taza de semillas de girasol crudas

- 13 taza de nueces o piñones

- 13 taza de jugo de limón

- 2 cucharaditas de jarabe de arce

Direcciones:
1. Mezcle todos los Ingredientes: del pesto hasta obtener una masa suave y cremosa.
2. Coloque la pasta en un tazón para servir. Vierta el pesto encima y sirva.

Curry Rojo Tailandés

Ingredientes:

- 12 taza de floretes de coliflor
- 2 dientes de ajo picados
- 1 pimiento verde pequeño, cortado en cubitos
- 1 pimiento rojo pequeño, cortado en cubitos
- 1 pimiento amarillo pequeño, cortado en cubitos
- 34 taza de espinaca picada
- 14 taza de pasta de curry rojo o al gusto
- 1 zanahoria, cortada en cubitos
- 2 tazas de leche de coco fina
- 13 taza de calabacín, picado

- 12 cucharada de salsa tamari
- 12 taza de caldo de verduras
- 3 onzas de guisantes dulces
- 12 taza de castañas de agua, picadas
- 1 camote mediano, picado
- 1 cucharada de aceite de coco

Direcciones:
1. Coloque una cacerola a fuego medio. Agregar el aceite.
2. Cuando el aceite esté caliente, agregue la pasta de curry rojo, fría por unos minutos
3. Agregue la salsa tamari, la leche de coco y el caldo de verduras y deje hervir.
4. Agregue los Ingredientes: restantes y cocine a fuego lento hasta que las batatas y las castañas de agua estén bien cocidas.
5. Sirva caliente sobre arroz o pasta cocidos.

Sopa De Chile Verde

Ingredientes:

- 1 taza de coliflor

- 4 tazas de caldo de verduras cortado en cubitos

- ¼ de taza de cilantro fresco picada

- 1 cdta. cilantro molido

- 1 cucharadita comino molido

- 1 cucharadita sal

- ½ taza de frijoles blancos secos, remojados durante una hora en agua caliente 1 cebolla cortada en cubitos

- 3 Chiles verdes de Nuevo México, picados 5 dientes de ajo picados

- 2 onz. queso crema

Direcciones:

1. Ponga todos los Ingredientes:, excepto el queso crema, en una olla grande y pesada.
2. Deje hervir a fuego lento y cocine hasta que los frijoles estén tiernos, aproximadamente 60 minutos.
3. Agregue agua si es necesario durante la cocción.
4. Usando una licuadora de inmersión, licúe la sopa hasta que esté suave.
5. Regrese la sopa a fuego lento.
6. Cuando la sopa esté burbujeante, agregue el queso crema hasta que se derrita.
7. Transfiera la sopa a tazones para servir y sírvala caliente.

Sopa De Patata Española Y Pimiento Poblano

Ingredientes:

- 4 dientes de ajo cortados en cubos
- 1 papa roja grande, en cubos (puedes usar dos si te gusta tu sopa gruesa)
- 4 tazas de caldo de verduras
- 2 cucharadas de comino
- 1 cucharada de orégano
- 1 cucharada de pimentón español
- 1 pizca de pimienta de cayena
- 1 taza de anacardos
- 1 y un cuarto de taza de leche de almendras
- 4 cucharadas de mantequilla no láctea

- 1 cebolla roja pequeña, picada gruesa

- 1 puerro grande, solo parte blanca, en rodajas

- 1 pimiento rojo picado

- 1 (o dos si te gustan las cosas picantes) pequeño chile poblano asado en seco, en rodajas

- Sal marina

- Pimienta negra, al gusto

- Guarnición opcional:

- Pimienta de jalapeño en rodajas

Direcciones:
1. Remojar los anacardos en leche de almendras durante media hora.
2. Derretir la mantequilla no láctea en una sartén.

3. Cocine la cebolla, el puerro, los chiles, el pimiento rojo, el ajo y la patata a fuego lento hasta que la cebolla esté translúcida.
4. Añadir el caldo, el comino, el orégano, el pimentón y la pimienta de cayena en la sartén.
5. Cocine a fuego lento hasta que las patatas estén tiernas, unos 25 minutos.
6. Retirar del calor.
7. Vierta en una licuadora y mezcle hasta que quede suave.
8. Limpiar la licuadora.
9. Mezclar anacardos con la leche hasta que
10. Remover esto en la sopa.
11. Calor a fuego medio durante unos minutos.
12. Decorar con rodajas de chile jalapeño.

Sopa Cremosa De Patata Nuez

Ingredientes:

- 4 dientes de ajo cortados en cubos
- 1 papa roja grande, en cubos (puedes usar dos si te gusta tu sopa gruesa)
- 4 tazas de caldo de verduras
- 1 taza de anacardos
- 1 y un cuarto de taza de leche de almendras
- Sal marina
- 4 cucharadas de mantequilla no láctea
- 1 cebolla roja pequeña, picada gruesa
- 1 puerro grande, solo parte blanca, en rodajas
- 1 pimiento verde, picado en tosque

- 1 (o dos si te gustan las cosas picantes) pequeño chile poblano asado en seco, en rodajas

- Pimienta negra, al gusto

Direcciones:

1. Remojar los anacardos en leche de almendras durante media hora.
2. Derretir la mantequilla no láctea en una sartén.
3. Cocine la cebolla, el puerro, los chiles, el pimiento rojo, el ajo y la patata a fuego lento hasta que la cebolla esté translúcida.
4. Añadir el caldo en la sartén.
5. Cocine a fuego lento hasta que las patatas estén tiernas, unos 25 minutos.
6. Retirar del calor.
7. Vierta en una licuadora y mezcle hasta que quede suave.
8. Limpiar la licuadora.

9. Mezclar anacardos con la leche hasta que
10. Remover esto en la sopa.
11. Calor a fuego medio durante unos minutos.
12. Decorar con rodajas de chile jalapeño.

Tofú Sandwich Vegetariano

Ingredientes:

- 12 cucharadita de ajo en polvo
- 12 cucharadita de chile en polvo
- 1 cucharada queso parmesano vegetariano rallado
- 1 tazas de brotes de soja
- 4 rebanadas de Pan Cetogénico
- 1 8 onzas de tofu firme
- 1 cucharadita de aceite de oliva
- 12 cucharadita de cúrcuma
- Sal y pimienta a gusto

Direcciones:

1. En una sartén, triture el tofu con un tenedor y comience a saltear a fuego lento.
2. Agregue el aceite de oliva, la cúrcuma, el chile en polvo, el ajo en polvo y el queso parmesano vegetariano.
3. Saltee a fuego lento durante unos 5 minutos, revolviendo bien para combinar.
4. Pruebe y agregue sal y pimienta si lo desea.
5. Para cada sándwich, agregue la mitad del tofu y cubra con brotes de soja
6. Sirva

Pastel De Espinaca

Ingredientes:

- 2 huevos
- 250 gramos de ricota vegetarian
- 100 gramos de queso vegetariano
- 50 gramos de crema de coco
- 75 gramos de queso parmesano vegetariano rallado
- 600 gramos de espinaca
- 1 diente de ajo picado
- Aceite de oliva
- Sal y pimienta a gusto

Direcciones:

1. Coloque una sartén a fuego moderado un poco de aceite de oliva
2. Incorpore la espinaca, el ajo y un poco de sal y pimienta
3. Agregue el caldo de pollo y cocine por unos 15 minutos
4. Coloque el pollo en una fuente y guarde la mitad del caldo en la sartén.
5. Mezcle el resto de los Ingredientes: e incorpore a la sartén con el caldo de pollo.
6. Revuelva constantemente hasta que se cocine la espinaca
7. Mientras tanto pre caliente el horno a 200ºC
8. En un reciente bata los huevos, agregue la ricota, la crema, la espinaca, el queso parmesano y el queso vegetariano cortada en cubitos
9. Mezcle todos los Ingredientes: y coloque en una fuente para horno de 20cm x 30cm

10. Cocinar por unos 30 minutos o hasta que esté dorado

Ensalada De Frutas Y Queso Fresco

Ingredientes:

- 250 g de queso fresco.

- Para el aderezo:

- 2 yogures desnatados.

- 4 cda de miel o sirope.

- 5 rodajas de piña.

- 10 fresas.

- 2 kiwis.

- 1 rama de hierbabuena.

Direcciones:

1. Lavamos y limpiamos bien las frutas, luego procedemos a cortarla en trozos pequeños,

de manera uniforme, las colocamos dentro de un bol.
2. Luego de hecho esto picamos el queso y lo colocamos sobre las frutas junto con las hojas de la hierbabuena, esta última lavada y picada.
3. Colocamos todo en el refrigerador.
4. En un recipiente aparte colocamos el yogur junto con la miel, removiendo hasta formar una salsa uniforme.
5. Ya hecho esto, servimos la ensalada de frutas fría y la salsa aparte para que sea utilizada según el gusto.

Ensalada De Pera Y Queso Gorgonzola

Ingredientes:

- 100 g de mezclas de lechugas variadas
- 100 g de queso gorgonzola dulce o picante, a tu gusto
- 1 pera mediana de cualquier variedad
- Un puñado de nueces peladas
- Opcional: Un puñado de pasas sin semillas hidratadas en agua media hora
- Para la vinagreta: 3 partes de aceite de oliva virgen extra por 1 de vinagre de manzana (o vinagre balsámico), sal, pimienta y una cucharadita de miel

Direcciones:

1. Lavamos muy bien la lechuga y eliminamos cualquier resto de humedad sobre esta.
2. La colocamos dentro de un bol y reservamos.
3. Procedemos a lavar y cortar la pera en rodajas, dejas la piel si es tu gusto.
4. Unimos todo en el bol y agregamos las nueces y las pasas.
5. La vinagreta se hace uniendo todos los Ingredientes: en un recipiente adecuado para esto.
6. La miel es conveniente calentarla para que pueda mezclarse mejor con los otros Ingredientes:.
7. Las frutas deben mantenerse frías hasta el momento de servir, precisamente es aquí cuando se le coloca esa vinagreta que preparaste, no antes pues puede cambiarte el sabor a uno no deseado.

Cena - Pizza De Chile Banana

Ingredientes:

- 13 taza de salsa de tomate
- queso rallado según el gusto
- Sazonador de pizza según el gusto
- 1 cucharada de aceite de oliva con ajo
- 1,5 tazas de mozzarella

Coberturas:

- Chile banana picados
- Cebollas amarillas picadas

Direcciones:

1. Calienta el ajo con aceite en una sartén de cerámica antiadherente, añade la mozzarella y espárcela uniformemente.

2. Cocínalo durante 4-5 minutos para que quede crujiente en los bordes.
3. Esparce la salsa de tomate en la base de la pizza en la sartén y cocínala durante un minuto.
4. Usando un cucharón de madera, quita la corteza de la sartén y colócala en una superficie plana.
5. Espolvorea el queso rallado, los condimentos de la pizza y cúbrela con salchichas, mozzarella, plátanos y cebollas.
6. Colócalo en un horno precalentado a 500F durante dos minutos para calentar los Ingredientes:.
7. Deja enfriar durante dos minutos para que el queso se asiente.
8. Servir en trozos.

Crema Keto Y Pastel De Bayas

Ingredientes:

- ¼ taza de harina de almendra
- 2 cucharadas de queso crema orgánico
- ¼ taza de bayas mixtas
- ¼ taza de edulcorante de vainilla sin azúcar
- 2 huevos grandes
- 2 cucharadas de ghee

Crema batida:

- ¼ taza de crema pesada
- ½ cucharada de azúcar moreno

Direcciones:

1. Toma un tazón y mezcla el edulcorante, los huevos, el queso crema y el ghee para hacer

una mezcla suave. Saca la mezcla en un plato para microondas.
2. Añade la harina de almendra, revuelve y luego revuelve las bayas.
3. Ahora, calienta esta masa en el microondas durante 20 minutos a fuego alto.
4. Pon el azúcar moreno y la crema espesa en una licuadora de una sola ración y bátela para hacer una mezcla consistente.
5. Cuando el pastel esté listo, déjalo enfriar y agrega la crema batida.
6. Servir.

Calabaza Espagueti Con Hierbas

Ingredientes:

- 1 cucharadita de tomillo seco
- 1 cucharadita de romero seco
- 1 cucharadita de ajo en polvo
- 2 cucharadas de aceite de oliva
- 1 cucharadita de sal
- 4 tazas de calabaza espagueti, cocida
- ½ cucharadita de pimienta
- ½ cucharadita de salvia
- 1 cucharadita de perejil seco

Direcciones:
1. Precalentar el horno a 350 F 180 C.

2. Agregue todos los Ingredientes: en el tazón y mezcle bien para combinar.
3. Transfiera la mezcla del tazón a la fuente apta para horno y cocine en horno precalentado durante 15 minutos.
4. Revuelva bien y sirva.

Deliciosos Filetes De Repollo

Ingredientes:

- 2 cucharadas de aceite de oliva
- 1 cucharada de ajo picado
- 1 cabeza de repollo mediana, rebanada de 1" de espesor
- Pimienta
- Sal

Direcciones:

1. En un tazón pequeño, mezcle el ajo y el aceite de oliva.
2. Cepille la mezcla de ajo y aceite de oliva en ambos lados del repollo en rodajas.
3. Sazone las rodajas de repollo con pimienta y sal.

4. Coloque las rodajas de repollo en una bandeja para hornear y hornee a 350 F 180 C durante 1 hora.
5. Voltear después de 30 minutos.
6. Servir y disfrutar.

Hongo Stroganoff

Ingredientes:

- 1 cucharadita de vinagre de vino tinto
- 12 cucharada de pimentón
- 12 cucharadita de mostaza de Dijon
- 14 de cucharadita de pimienta negra molida
- 2 cucharadas de perejil fresco o eneldo para decorar
- 34 de libra de champiñones surtidos, cortados en rodajas gruesas
- 13 taza de anacardos crudos
- 1 12 tazas de caldo de champiñones o caldo de verduras
- 2 chalotas, en rodajas finas

- Sal marina fina al gusto

Direcciones:

1. Ponga los anacardos en un recipiente y vierta agua hirviendo sobre ellos.
2. Cubra y deje reposar por 30 minutos.
3. Mezcle el anacardo junto con 2 cucharadas de agua remojada (deseche el resto del agua), vinagre y sal hasta que quede suave y cremoso.
4. Ponga una sartén pesada a fuego medio. Agrega los champiñones y las chalotas y cocina con un poco de caldo hasta que los champiñones se pongan de color marrón claro. Si es necesario, agregue caldo hasta que los champiñones estén bien cocidos.
5. Añadir el resto del caldo, la mostaza, el pimentón y la pimienta y llevar a ebullición.
6. Reduzca el fuego y cocine a fuego lento hasta que la salsa se espese.

7. Agregue la mitad de la crema de anacardos y mezcle bien.
8. Decore con perejil y sirva con el resto de la crema de anacardos.

Risotto De Lentejas

Ingredientes:

- 5 tazas de caldo de verduras o más si es necesario

- 5 dientes de ajo picados

- 2 cucharadas de perejil picado

- 2 tallos de apio picados

- 1 cucharada de aceite de oliva

- Sal al gusto

- 1 12 tazas de lentejas secas, remojadas en agua durante la noche, escurridas

- 1 12 tazas de arroz arborio

- 1 cebolla grande, picada

- Pimienta en polvo al gusto

Direcciones:

1. Coloque una sartén grande de fondo grueso a fuego medio. Agregar el aceite.
2. Cuando el aceite esté caliente, agregue la cebolla y el ajo y saltee hasta que esté transparente.
3. Agregue los Ingredientes: restantes y revuelva. Llevar a hervir.
4. Bajar el fuego, tapar y cocinar hasta que esté cocido.
5. Si encuentra que las lentejas no están cocidas y no hay más líquido en la sartén, agregue un poco más de caldo o agua.
6. Revuelva las especias y ajuste si es necesario.
7. Sirva caliente.

Chile Rojo Vegetariano

Ingredientes:

- 1 Cebolla picada

- 2 dientes de ajo, picado

- 1 taza de tomates enlatados en cubitos

- 1 cucharada. chiles chipotle enlatados, 2 tortillas de maíz picadas, cortadas en trozos pequeños

- ½ taza de agua

- 3 cucharadita chile en polvo

- 2 cdtas. comino molido

- 2 cdta. sal

- 1 cucharadita orégano seco

- 1 cda. aceite de oliva

Direcciones:

1. En un tazón pequeño, mezcle el chile en polvo, el comino, la sal y el orégano.
2. En una licuadora o procesador de alimentos, mezcle los tomates, los chiles y los trozos de tortilla hasta que estén suaves.
3. Caliente el aceite en una olla pesada a fuego medio-alto.
4. Cuando el aceite esté caliente, saltee las cebollas hasta que se ablanden, aproximadamente 3 minutos.
5. Agrega el ajo y sofríe por alrededor de un minuto más.
6. Agregue la mezcla de especias y saltee hasta que esté fragante, aproximadamente 30 segundos.
7. Agregue la mezcla de tomate tortilla a la olla, junto con 2 tazas de agua.
8. Deje hervir a fuego lento y cocine hasta que esté fragante unos 20 minutos.

9. Agregue agua si es necesario durante la cocción.
10. Transfiera el chile a tazones para servir y sírvalo caliente.

Chile Verde Vegetariano

Ingredientes:

- 1 tomate picado
- 3 tazas de vegetales caldo
- 2 cucharaditas comino
- 3 tomatillos, en rodajas
- 3 chiles jalapeños, sin semillas y picados
- 2 chile verde de Nuevo México pimientos, sin semillas y picados 6 dientes de ajo, picados
- Sal y pimienta para probar

Direcciones:
1. Coloque los tomatillos, los jalapeños, los chiles de Nuevo México, el ajo, el caldo de pollo y el tomate en una olla pesada.

2. Agregue el comino, la sal y la pimienta encima de la carne.
3. Deje hervir a fuego lento y cocine hasta que esté fragante, aproximadamente 20 minutos.
4. Agregue agua si es necesario durante la cocción.
5. Usando una licuadora de inmersión, mezcle la salsa en la olla hasta que esté suave.
6. Transfiera el chile a tazones para servir y sírvalo caliente, adornado con cilantro fresco picado.

Sopa De Calabaza, Lentejas Y Alholva

Ingredientes:

- 1 taza de calabaza de mantequilla - pelada, sin semillas y en cubos

- Y una tercera taza de cilantro fresco finamente picado

- 2 tazas de agua

- 2 cucharadas de jarabe de arce

- Y una octava cucharadita de canela molida

- 1 pellizco de nuez moscada molida

- 1 cucharada de aceite de oliva virgen extra

- 1 cebolla roja pequeña, picada

- 1 cucharada de raíz de jengibre fresco picado

- 3 dientes de ajo picados
- 1 pizca de semillas de alholva
- 1 taza de lentejas rojas secas
- Sal y pimienta al gusto
- Calentar la olla a fuego medio

Direcciones:
1. Saltee la cebolla, el jengibre, el ajo y el alholva hasta que la cebolla esté tierna.
2. Añadir las lentejas, la calabaza y el cilantro a la olla.
3. Añadir el agua, la leche de coco y la pasta de tomate.
4. Añadir el curry en polvo, pimienta de cayena, nuez moscada, sal y pimienta.
5. Hervir, reducir el fuego a bajo, y cocine a fuego lento hasta que las lentejas y la calabaza estén tiernas durante 25 minutos.

Sopa De Lentejas Y Calabaza Sichuan

Ingredientes:

- 1 pizca de granos de pimienta de sichuan

- 1 taza de lentejas rojas secas

- 1 taza de calabaza de mantequilla - pelada, sin semillas y en cubos

- Y una tercera taza de cilantro fresco finamente picado

- 2 tazas de agua

- Y la mitad (14 onzas) la lata de leche de almendras

- 1 cucharadita de curry rojo en polvo

- Y un cuarto de tsp. Pimienta de cayena

- 1 pellizco de nuez moscada molida

- 1 cucharada de aceite de semillas de sésamo

- 1 cebolla roja pequeña, picada

- 1 cucharada de raíz de jengibre fresco picado

- 4 dientes de ajo picados

- Sal y pimienta al gusto

- Calentar la olla a fuego medio

Direcciones:
1. Saltee la cebolla, el jengibre, el ajo, hasta que la cebolla esté tierna.
2. Añadir las lentejas, la calabaza y el cilantro a la olla.
3. Añadir el agua, la leche de almendras y la pasta de tomate.
4. Añadir el curry en polvo, pimienta de cayena, nuez moscada, sal y pimienta.

5. Hervir, reducir el fuego a bajo, y cocine a fuego lento hasta que las lentejas y la calabaza estén tiernas durante 25 minutos.

Fritata De Espárragos Y Tomate

Ingredientes:

- 1 cucharadita de eneldo seco

- 100 g de Queso vegetariano, cortado en cubos pequeños (cualquier tipo de queso que se derrita bien)

- 6 huevos bien batidos

- Sal y pimiento a gusto

- 200 g de . espárragos frescos, extremos cortados y cortados en trozos pequeños

- 2-3 cucharaditas aceite de oliva

- 23 taza de tomates cherry cortados en cubitos

Direcciones:

1. Corta los extremos leñosos de las lanzas de espárragos, luego corta los espárragos en trozos de aproximadamente 1 12 pulgadas de largo.
2. Caliente el aceite en una sartén pesada a fuego medio-alto, agregue los espárragos y cocine de 3 a 4 minutos.
3. Mientras los espárragos se cocinan, corta los tomates cherry en mitades (o cuartos si son grandes) y corta el queso en trozos pequeños.
4. Después de que los espárragos se hayan cocinado durante 3-4 minutos, agregue los tomates cherry y la hierba de eneldo y cocine durante 1-2 minutos más.
5. Romper los huevos en un tazón y batir bien.
6. Cuando los tomates se hayan cocinado durante 2 minutos, vierta los huevos, sazone con sal y pimienta negra molida fresca, luego espolvoree el queso por encima.
7. Comience a precalentar el asador.

8. Cubra la sartén y cocine a fuego lento durante 8-10 minutos, o hasta que los huevos estén listos y el queso se derrita por completo.
9. Corte la frittata en cuatro trozos, adorne con rodajas de cebolla verde y sirva caliente

Tortilla De Calabacín

Ingredientes:

- 1 taza de queso vegetariano rallado
- 1 huevo
- 1 cucharada de harina de coco
- 1 cucharada de condimento de tacos
- 4 tazas de calabacín cortado en rodajas Juliana
- ½ cucharadita de sal

Direcciones:
1. Precaliente el horno a 200 C.
2. Cubra 2 fuentes de horno con papel de aluminio y rocíe con aceite de coco

3. Coloque los calabacines en un colador y rocíe con la sal , después de 5 minutos escurra los calabacines con las manos para sacara el agua
4. Coloque en un bol los calabacines con el queso
5. Agregue el huevo, la harina y el condimento de tacos y mezcle bien
6. Haga 12 bollitos con la mezcla y colóquelos en las Fuentes.
7. Cocine por 12 o 15 minutos hasta que estén dorados
8. Sirva

Ensalada De Frutos Mixtos

Ingredientes:

- 12 piña pequeña.

- 1 kiwi.

- 2 manzanas.

- 20 uvas

- 2 peras

- 2 bananas.

- 2 naranjas grandes.

- 1 rodaja de sandía en trozos.

Direcciones:
1. Primeramente se debe limpiar y lavar bien todas las frutas.

2. Posteriormente procedemos a cortar en pedazos pequeños: las manzanas, bananas, la sandía, las peras y el kiwi.
3. A las naranjas sacarle los gajos y luego cortar en tres partes cada uno.
4. Corta por la mitad las uvas y límpialas de semillas.
5. Luego debes colocar todas estas frutas en un bol.
6. Se puede hacer una salsa con un poco de aceite de oliva, el zumo de media naranja y miel.
7. La ensalada bien fría y con el aderezo preparado, ya puedes servirla.

Ensalada De Tofu

Ingredientes:

- 50 g de hierbabuena bien picada.
- 1 Pepino.
- 1 buen chorro salmorejo.
- 1 rodaja de tofu al pimiento cortado en cubos.
- 100 g de brotes tiernos.
- 1 champiñón crudo, limpio y laminado.
- Mezcla de ensalada china.
- Sal.

Direcciones:

1. lavamos el pepino, lo pelamos y cortamos en trozos pequeños.

2. En un bol colocamos esos trozos junto a los brotes tiernos.
3. En ese mismo recipiente agregamos la ensalada china, la hierbabuena picada y el salmorejo.
4. Ponemos a dorar el tofu y lo agregamos y a servir.

Queso Y Bistec Dijon

Ingredientes:

- 1 cucharada de aceite de oliva

- 1 libra de filete rebanado

- Mezcla de Dijon según el gusto

- 2 cucharadas de mayonesa

- 4 rebanadas de queso americano

- 1 cucharada de ghee

- ¼ taza de cebollas picadas

- 1 cucharada de ajo picado

- ¼ taza de pimientos verdes

Direcciones:

1. Calienta el ghee en una sartén antiadherente, añade la cebolla, el ajo y los pimientos verdes y saltéalos.
2. Vierte el aceite de oliva, luego el filete raspado, y cocina para dorarlos.
3. Hierve a fuego lento. Añade la mezcla de Dijon y la mayonesa.
4. Pon el queso americano sobre el filete y cocínalo durante 60 segundos.
5. Mezcla bien para derretir el queso. Ponlo en un bol.
6. Servir.

Vainas De Guisantes Con Coco

Ingredientes:

- ½ taza Coco rallado
- ½ cucharadita de canela
- 1 cucharada de romero
- 7 onzas Vainas de guisantes picadas
- 4 cucharadas de mantequilla salada
- 1 cucharada de aceite de coco
- Sal según el gusto

Direcciones:

1. Derrite la mantequilla en una sartén a fuego lento y medio y añade aceite de coco.
2. Añade el coco rallado y cúbrelo con grasa. Añade la canela y el aceite de romero y combina.

3. Cocina a fuego lento y deja que se cocine durante un minuto.
4. Añade las vainas de guisantes ampliamente picadas a la mezcla y mézclalas.
5. Sube ligeramente la llama y cocina durante 5 minutos. Espolvorea sal y mezclar.
6. Servir.

Arroz Mexicano De Coliflor

Ingredientes:

- 2 dientes de ajo, picados
- ½ cebolla mediana, cortada en cubitos
- 1 cucharada de aceite de coco
- ½ cucharadita de sal marina
- 1 cabeza de coliflor mediana, cortada en florets
- ½ taza de salsa de tomate
- ¼ cucharadita de pimienta negra
- 1 cucharadita de chile en polvo

Direcciones:

1. Agrega los floretes de coliflor en el procesador de alimentos y procesa hasta que parezca arroz.
2. Caliente el aceite en una sartén a fuego medio-alto.
3. Agregue la cebolla a la sartén y saltee durante 5 minutos o hasta que se ablande.
4. Agregue el ajo y cocine por 1 minuto.
5. Agregue el arroz de coliflor, el chile en polvo, la pimienta y la sal. Revuelva bien.
6. Agregue la salsa de tomate y cocine por 5 minutos. Revuelva bien y sirva caliente.

Puré De Espárragos

Ingredientes:

- 2 cucharadas de perejil fresco
- 2 cucharadas de crema de coco
- 1 cebolla pequeña, picada en cubitos
- 1 cucharada de aceite de coco
- 10 brotes de espárragos picados
- 1 cucharadita de jugo de limón
- Pimienta
- Sal

Direcciones:
1. Saltee la cebolla en aceite de coco hasta que la cebolla se ablande.

2. Blanquear los espárragos picados en agua caliente durante 2 minutos y escurrir inmediatamente.
3. Agregue la cebolla salteada, el jugo de limón, el perejil, la crema de coco, los espárragos, la pimienta y la sal en la licuadora y mezcle hasta que quede suave.
4. Sirve tibio y disfruta.

Tarta De Pastor Vegano A La Manera Tradicional

Ingredientes:
Para la capa de puré de patatas:

- 5 cucharadas de queso crema vegano

- 34 taza de mayonesa vegana

- 13 taza de aceite de oliva

- 8 papas rojo óxido, peladas y cortadas en cubitos

- 34 taza de leche de soja

- Sal al gusto

Para la capa inferior:

- 3 dientes de ajo picados

- 1 12 paquetes (14 onzas cada uno) de sustituto de carne vegano, desmenuzado

- Pimienta negra en polvo al gusto

- 2 cucharaditas de condimento italiano

- 34 taza de queso cheddar vegano, triturado

- 2 cucharadas de aceite vegetal

- 2 cebollas medianas, picadas

- 5 tallos de apio picados

- 13 taza de guisantes congelados

- 3 zanahorias medianas, picadas

- 1 tomate grande, picado

Direcciones:

1. Para la capa de puré de papas: Coloque una cacerola llena de agua y papas a fuego medio. Llevar a hervir.
2. Bajar el fuego y cocinar hasta que las patatas estén tiernas. Escurrir en un colador.

3. Coloque las patatas en un bol.
4. Agregue mayonesa, leche de soja, aceite, queso crema y sal y haga puré hasta que quede cremoso con un machacador de papas.
5. Para hacer la capa inferior: Coloque una sartén a fuego medio.
6. Agregar el aceite. Cuando el aceite esté caliente agregue las verduras y cocine hasta que estén tiernas.
7. Agregue las especias italianas, el ajo y la pimienta y revuelva.
8. Agregue el sustituto de carne y cocine hasta que esté completamente caliente.
9. Poner en una fuente de horno engrasada. Distribuya todo por la cancha.
10. Luego, esparza la mezcla de puré de papas por encima.
11. Espolvoree queso.
12. Hornee en un horno precalentado a 400 ° F hasta que la parte superior esté dorada.

Arroz De Espinacas Y Zanahoria

Ingredientes:

- 1 cucharadita de semillas de comino
- 2 cardamomo negro
- Rama de canela de 2,5 cm de largo
- 2 chiles verdes, raja
- 12 cucharadita de hojuelas de chile rojo
- 2 cucharaditas de sal
- 3 12 tazas de agua
- 2 tazas de arroz de grano largo, enjuagado
- 1 cebolla grande, en rodajas finas
- 3 tazas de espinaca, en rodajas finas
- 2 zanahorias grandes, ralladas

- 2 cucharadas de aceite de oliva

Direcciones:

1. Ponga una sartén de fondo grueso a fuego medio. Agregar el aceite.
2. Cuando el aceite esté caliente agregue el comino.
3. Cuando crepite, agregue el cardamomo, la canela, la cebolla y fría hasta que esté transparente.
4. Agregue el resto de los Ingredientes: excepto la sal y el agua. Freír durante 3 minutos.
5. Agregue sal y agua y revuelva. Llevar a hervir.
6. Reducir el fuego, tapar y cocinar hasta que el arroz esté al dente.
7. Abra la tapa, afloje con un tenedor y sirva con yogur.

Sopa De Tortilla

Ingredientes:

- ½ chile jalapeño
- ¼ de taza de cilantro fresco picada
- 1 cdta. sal
- 1 cucharada. aceite de oliva
- 4 tazas de agua
- 2 tortillas de maíz, cortadas en trozos
- ½ cebolla picada
- 1 taza de tomates picados 2 dientes de ajo
- 1 cucharada. chile chipotle enlatado en salsa adobo, picado

Direcciones:

1. En una licuadora o procesador de alimentos, combine la cebolla, los tomates, el ajo, el chipotle, el jalapeño y el cilantro.
2. Licúa hasta que la mezcla esté suave.
3. Caliente el aceite en una olla pesada a fuego medio-alto.
4. Cuando el aceite esté caliente, agregue la mezcla licuada a la olla.
5. Cocine, revolviendo, hasta que esté fragante, alrededor de uno o dos minutos.
6. Agrega las tortillas, el pollo y el agua a la olla.
7. Deje hervir a fuego lento y cocine hasta que esté fragante, aproximadamente 20 minutos.
8. Agregue agua si es necesario durante la cocción.
9. Transfiera a tazones para servir y sirva caliente.

Sopa De Verduras Keto

Ingredientes:

- 1 lb. de ejotes congelados o frescos 8 tazas de caldo de pollo

- 2 vasos de agua

- 1 cucharada. albahaca fresca picada

- ¼ de cucharadita hojas de tomillo

- 18 cucharadita. salvia frotada sal al gusto

- 1 libra de espinaca fresca, picada

- 1 nabo cortada en trozos pequeños

- 1 cebolla picada

- 6 tallos de apio,

- 1 zanahoria en cubitos, en rodajas

- 15 oz. puré de calabaza

Direcciones:

1. Ponga todos los Ingredientes:, excepto las espinacas, en una olla pesada.
2. Deje hervir a fuego lento y cocine hasta que las verduras estén tiernas, unos 30 minutos.
3. Agregue agua si es necesario durante la cocción.
4. Agregue las espinacas y revuelva hasta que se ablanden, aproximadamente 5 minutos.
5. Transfiera a tazones para servir y sirva caliente.

Sopa De Curry De Calabaza

Ingredientes:

- 1 taza de calabaza de mantequilla - pelada, sin semillas y en cubos

- Y una tercera taza de cilantro fresco finamente picado

- 2 tazas de agua

- Y la mitad (14 onzas) la leche de coco

- Y media cucharadita de comino molido

- 1 cucharadita de curry rojo en polvo

- Y medio tsp. Garam masala

- 1 cucharada de aceite de oliva virgen extra

- 1 cebolla roja pequeña, picada

- 1 cucharada de raíz de jengibre fresco picado

- 4 dientes de ajo picados

- 1 taza de lentejas rojas secas

- 1 pellizco de cúrcuma molida

- Sal y pimienta al gusto

- Calentar la olla a fuego medio

Direcciones:
1. Saltee la cebolla, el jengibre y el ajo hasta que la cebolla esté tierna.
2. Añadir las lentejas, la calabaza y el cilantro en la olla.
3. Añadir el agua y la leche de coco
4. Añadir el curry en polvo, comino, garam masala, cúrcuma, sal y pimienta.
5. Hervir, reducir el fuego a bajo, y cocine a fuego lento hasta que las lentejas y la calabaza estén tiernas durante 25 minutos.

Sopa De Calabaza Y Jengibre

Ingredientes:

- y una tercera taza de cilantro fresco finamente picado
- 2 tazas de agua
- y la mitad (14 onzas) la leche de coco
- 2 cucharadas de pasta de tomate
- 1 cucharadita de curry rojo en polvo
- y un cuarto de tsp. pimienta de Cayena
- 1 pellizco de nuez moscada molida
- 1 cucharada de aceite de oliva virgen extra
- 1 cebolla roja pequeña, picada

- 1 cucharada de raíz de jengibre fresco picado
- 3 dientes de ajo picados
- 1 pizca de semillas de alholva
- 1 taza de lentejas rojas secas
- 1 taza de calabaza de mantequilla - pelada, sin semillas y en cubos
- sal y pimienta al gusto
- calentar la olla a fuego medio

Direcciones:
1. Saltee la cebolla, el jengibre, el ajo y el alholva hasta que la cebolla esté tierna.
2. Añadir las lentejas, la calabaza y el cilantro a la olla.
3. Añadir el agua, la leche de coco y la pasta de tomate.

4. Añadir el curry en polvo, pimienta de cayena, nuez moscada, sal y pimienta.
5. Hervir, reducir el fuego a bajo, y cocine a fuego lento hasta que las lentejas y la calabaza estén tiernas durante 25 minutos.

Fuente De Coliflor Con Crema De Coco

Ingredientes:

- 35 g de queso vegetariano
- 40 ml de crema de coco
- 75 ml de queso vegetariano
- 10 g de mantequilla
- 13 cucharadita de ajo en polvo
- 1 lata de leche de coco (400 ml)
- 1 taza de coco rallado (100 gramos)
- 1 rebanada de coco
- 1 cucharada sopera de harina de coco
- 1 cucharadita de stevia
- 125 g coliflor

- 75 g de brocoli

- Sal y pimienta a gusto

Direcciones:
1. Precalentar el horno a 180°C
2. Hervir el brócoli hasta que esté tierno.
3. Cuando termines, colar y desechar el agua.
4. Añadir el queso crema, la crema de coco batida, la sal, la pimienta y el ajo en polvo.
5. Hacer puré con una licuadora de mano hasta que quede suave.
6. Engrasar una fuente para hornear con mantequilla y colocar el resto de la mantequilla en trozos en la fuente para hornear.
7. Cortar la coliflor en pequeños floretes y agregar a la fuente de horno.
8. Echar la salsa de crema de brócoli sobre los floretes y cubrir con queso rallado.

9. Hornear durante 40 minutos o hasta que la coliflor esté tierna y la parte superior esté dorada.

Crema De Leche De Coco Con Frutillas

Ingredientes:

- 1 onza de almendras
- 1 lata de leche de coco
- ½ taza de frutillas

Direcciones:

1. Coloque 1 lata de leche de coco en la heladera durante 1 noche.
2. No la mezcle antes de abrir. Abra la lata y tire el agua de la superficie y coloque la leche en un recipiente y mezcle con una cuchara o con una batidora de mano hasta que se forme una crema.
3. Esta crema puede mantenerse en la heladera por 3 días.

4. Para el desayuno coloque en un recipiente las frutillas, las almendras y ½ taza de crema de leche de coco.

Ensalada Templada De Arroz, Verduras Y Tofu

Ingredientes:

Para el arroz.

- 3 dientes ajo.

- 2 hojitas laurel.

- 1 cda de aceite de oliva extra virgen.

- Sal.

- 1 taza arroz blanco.

- 2 tazas agua.

Para el tofu marinado

- 1 cda de ajo en polvo.

- 1 cda de pimentón rojo.

- 1 cda jengibre molido

- 1 limón.

- 12 cucharada pimentón picante.

- 50 ml agua

- 50 ml aceite de oliva extra virgen.

- 200 g tofu.

- 2 cdas de orégano.

- 1 cda de sal.

- 4 cucharadas grandes de salsa de soja.

Para el salteado de las verduras.

- 1 calabacín pequeño.

- 12 pimiento rojo.

- 12 pimiento verde.

- 6 cucharadas grandes de brotes de soja (germinados)

- 1 cebolla pequeña.

- 1 zanahoria pequeña.

- Líquido marinado del tofu.

Direcciones:
1. Inicialmente procedemos a preparar el arroz blanco.
2. Luego salteamos en aceite de oliva el ajo, cuando este comience a dorarse juntamos el arroz, agregamos dos tazas de agua y las hojas de laurel.
3. Se deja a fuego lento por unos 10 minutos.
4. Procedemos a cortar en dados el tofu. Estos trozos los colocamos en un bol, para posteriormente añadir las especies y estos otros Ingredientes: orégano, ajo e polvo,

pimentón dulce y picante, jengibre, sal, agua, aceite, limón y la salsa de soja.

5. El arroz se baja a fuego muy bajo por unos 5 minutos más y se apaga, dejando que repose.
6. Aparte estaremos uniendo el tofu cortado en cubos, junto con los demás Ingredientes:, incorporamos la cebolla cortada en ruedas finas, luego tapamos y dejamos reposar en la nevera por unas 4 horas.
7. Procedemos posteriormente a lavar y cortar todas las verduras, esto es: cebolla, calabacín, zanahoria y pimiento.
8. Ya teniendo los tres compuestos elaborados en partes separadas, el tofu marinado, las verduras cortadas y el arroz cocido, calentamos dos cucharadas de aceite de oliva en una sartén.
9. Comenzamos a saltear los vegetales, se recomienda hacerlo cada uno 5 minutos para luego incorporar al siguiente, comenzando

por la zanahoria, luego el calabacín y por último los pimientos.
10. Con los vegetales ya todos salteados, le agregamos el bol del tofu.
11. Removemos muy bien para que tome una buena consistencia todo el preparado, seguimos cocinando a fuego medio y poco a poco agregamos los germinados, revolvemos y tapamos.
12. Dejamos cocinar por unos 10 minutos más.
13. Luego unimos todos los compuestos y ya tenemos una sola comida, puedes comer con la temperatura que más te agrade.

Ensalada Vegetariana Con Tofu

Ingredientes:

- 300 g de lechuga romana.
- 3 tomates medianos.
- 1 bote de espárragos blancos.
- 150 g de queso fresco
- 1 cebolla
- 100 g de tofu.
- aceite de oliva.
- Vinagre balsámico.
- Sal.

Direcciones:

1. lavamos y limpiamos bien los vegetales, procedemos a lavar la lechuga y la picamos al gusto. Cocinamos los espárragos hasta que queden tiernos.
2. Luego cortamos los tomates en trozos grandes, el queso y el tofu en daditos, los espárragos por mitad y la cebolla en juliana.
3. Por ultimo mezclamos todos los Ingredientes: y conformamos la ensalada, en una fuente, aliñamos con aceite de oliva, vinagre y sal al gusto.

Hash Cajún De Coliflor

Ingredientes:

- 1 cucharadita de condimento cajún
- ½ Pimientos verdes picados
- 8 onzas de pastrami rojo
- 1 huevo
- ¼ cebolla picada
- 2 cucharadas de ajo picado
- Bolsa de 1 libra Coliflor picada y cocida al vapor

Direcciones:

1. Saltea las cebollas picadas en aceite de oliva a fuego medio, y saltea el ajo después de que las cebollas se vuelvan transparentes.

2. Escurre el exceso de agua de la coliflor picada y cocida al vapor.
3. Añade la coliflor a las cebollas y saltéalas durante 8-10 minutos para que se doren.
4. Mezcla el condimento cajún, añade los pimientos verdes picados y el pastrami.
5. Mezcla los Ingredientes:. Pon la mezcla en tazones.
6. Ahora cocina un huevo con el lado soleado hacia arriba, y añádelo sobre la parte superior de la mezcla en los tazones. Añade el condimento cajún.
7. Servir.

Ensalada De Huevo Y Aguacate

Ingredientes:

- 1 cucharadita de mayonesa
- Pimientos al gusto
- Sal según el gusto
- 1 huevo cocido grande
- 2 cucharaditas de guacamole picante
- ½ taza Trozos de aguacate

Direcciones:
1. Coge huevo duro, trozos de aguacate, guacamole picante, mayonesa, pimienta y sal.
2. Corta los huevos en dados con la ayuda de una cortadora de huevos.

3. Combina los Ingredientes: de la ensalada, añadir pimienta y sal, y combinarlos con los huevos. Servir.

Sopa Cremosa De Calabaza

Ingredientes:

- 1 cucharadita de hojuelas de cebolla seca
- 1 cucharada de curry en polvo
- 4 tazas de agua
- 1 diente de ajo
- 1 cucharadita de sal kosher
- 3 tazas de calabaza moscada, picada
- 1 ½ tazas de leche de coco sin azúcar
- 1 cucharada de aceite de coco

Direcciones:

1. Agregue la calabaza, el aceite de coco, las hojuelas de cebolla, el curry en polvo, el agua,

el ajo y la sal en una cacerola grande. Llevar a ebullición a fuego alto.
2. Encienda el fuego a medio y cocine a fuego lento durante 20 minutos.
3. Haga puré la sopa con una licuadora hasta que quede suave. Regrese la sopa a la cacerola y agregue la leche de coco y cocine por 2 minutos.
4. Revuelva bien y sirva caliente.

Espinacas Con Leche De Coco

Ingredientes:

- 13.5 onzas de leche de coco
- 1 cucharadita de ralladura de limón
- ½ cucharadita de sal
- 16 onzas de espinacas
- 2 cucharaditas de curry en polvo

Direcciones:

1. Agregue las espinacas en la sartén y caliente a fuego medio.
2. Una vez que esté caliente, agregue la pasta de curry y unas cucharadas de leche de coco. Revuelva bien.
3. Agregue la leche de coco restante, la ralladura de limón y la sal y cocine hasta que espese.
4. Servir y disfrutar.

Perritos Calientes De Tofu Con Chile

Ingredientes:

- 2 chiles verdes, picados en trozos de 1 pulgada (o al gusto)

- 1 taza de tofu firme, picado en cubos de 12 pulgada

- 4-5 panecillos veganos para perros calientes

- 1 cucharada de aceite de oliva

- 12 taza de queso mozzarella vegano u otro queso vegano de su elección

- 4 cucharadas de salsa de tomate

- 2 cucharadas de salsa de soja

- 1 cucharada de salsa de chile verde

- 1 tomate grande, picado

- 1 pimiento verde, picado en cubos de 12 pulgada

- 1 pimiento amarillo, picado en trozos de 12 pulgada

- 2-3 cebollas pequeñas, cortadas en cuartos y las capas de cebollas separadas

- 2 cucharaditas de ajo picado

- Sal al gusto

Direcciones:

1. Coloque una sartén antiadherente a fuego medio.
2. Agregar el aceite. Cuando el aceite esté caliente, agregue el ajo y saltee durante unos minutos hasta que esté fragante.
3. Agregue la cebolla, la guindilla verde y el pimentón y saltee durante 2-3 minutos.

4. Agregue los tomates y fría unos minutos más. Agregue salsa de tomate, salsa de soja y salsa de chile verde. Espolvorea un poco de agua sobre él.
5. Agregue los trozos de tofu y revuelva bien.
6. Agregar sal y mezclar bien. Quita la estufa.
7. Cortar el panecillo para perros calientes en forma horizontal.
8. Extienda la mezcla de verduras y tofu en el pan con la parte cortada del pan hacia arriba.
9. Espolvoree con queso y cocine a la parrilla en la parrilla precalentada durante unos minutos hasta que el queso se derrita.
10. Sirva inmediatamente.

Macarrones Con Tomate Y Queso Vegano

Ingredientes:

- 2 cubos de sopa

- Sal al gusto

- Pimienta en polvo al gusto

- 1 cucharadita de orégano seco

- 1 taza de queso cheddar vegano, triturado

- 1 12 tazas de macarrones secos

- 7.5 onzas de tomates enlatados en cubitos

- 12 taza de leche de soja

- 1 taza de agua

Direcciones:

1. Coloque todos los Ingredientes:, excepto el queso, en una sartén de fondo grueso. Pon la sartén a fuego medio. Revuelva con frecuencia.
2. Cuando los fideos estén listos, retírelos del fuego.
3. Agregue el queso, revuelva y sirva.

Sopa De Repollo Keto

Ingredientes:

- 1 ¼ taza de tomates enlatados en cubitos
- 5 oz. chiles verdes enlatados
- 4 tazas de caldo de verduras
- Sal y pimienta al gusto
- ¼ de taza de cebolla picada
- 1 diente de ajo picada 1 cdta. comino
- 1 repollo picado

Direcciones:
1. Calienta una olla a fuego medio-alto.
2. Cuando el aceite esté caliente, agregue las cebollas y saltee durante 5-7 minutos más. Agrega el ajo y sofríe por un minuto más.

3. Deje hervir a fuego lento y cocine hasta que las verduras estén tiernas, unos 30 minutos.
4. Agregue agua si es necesario durante la cocción.
5. Transfiera a tazones para servir y sirva caliente.

Ensalada De Repollo Asiático

Ingredientes:

- Jugo de ½ limón
- 9 oz. bok choy
- 1 cebolla verde
- 2 cucharadas. cilantro fresco, picada 3 cucharadas. aceite de coco
- 2 cucharadas. salsa de soja
- 1 cucharada. mantequilla de maní
- Jugo de ½ lima
- 15 oz. tofu extra firme
- 1 cucharada. salsa de soja
- 1 Cda. aceite de sésamo

- 1 cucharada. agua

- 2 cucharadita ajo molido

- 1 cucharada. vinagre de vino de arroz

- ½ cucharadita Sin azúcaredulcorante

Direcciones:

1. Envuelva el tofu en una toalla de cocina limpia y coloque algo pesado encima.
2. Deje que el tofu repose durante 4-6 horas; esto eliminará la humedad del tofu, y es posible que deba reemplazar la toalla por una seca a mitad del proceso.
3. Combine la salsa de soja, el aceite de sésamo, el agua, el ajo, el vinagre y el limón en un tazón mediano.
4. Corte el tofu en cuadrados de 1 pulgada y colóquelo en una bolsa de plástico grande con cierre hermético.

5. Agregue la marinada a la bolsa y deje marinar en el refrigerador durante al menos media hora (durante la noche es mejor).
6. Al final del tiempo de marinado, precaliente el horno a 350 grados Fahrenheit.
7. Coloca los cuadrados de tofu en una bandeja para hornear forrada con papel pergamino.
8. Coloque la bandeja en la rejilla central del horno y hornee durante 30-35 minutos.
9. Mientras tanto, pica el cilantro y la cebolla verde.
10. Mezcle el resto de los Ingredientes:, excluyendo el jugo de lima y el bok choy, en un tazón mediano. Agrega el cilantro y la cebolla.
11. Una vez que el tofu esté casi cocido, agregue jugo de limón al aderezo para ensaladas y mezcle.
12. Pica el bok choy en trozos pequeños.

13. Retire el tofu del horno y mezcle con los demás Ingredientes:.

Sopa De Calabaza Y Frijol

Ingredientes:

- 1 taza de frijoles secos

- 1 taza de calabaza de mantequilla - pelada, sin semillas y en cubos

- Y una tercera taza de cilantro fresco finamente picado

- 2 tazas y media de caldo de verduras

- 2 cucharadas de pasta de tomate

- 1 cucharadita de condimento italiano

- Y un cuarto de tsp. Pimienta de cayena

- 1 pellizco de tomillo

- 3 cucharadas de aceite de oliva virgen extra
- 1 cebolla roja pequeña, picada
- 1 cucharada de raíz de jengibre fresco picado
- 4 dientes de ajo picados
- 1 pizca de semillas de alholva
- Sal y pimienta al gusto
- Calentar la olla a fuego medio

Direcciones:
1. Saltee la cebolla roja, el jengibre, el ajo y el alholva hasta que la cebolla esté tierna.
2. Añadir los frijoles, la calabaza y el cilantro a la olla.
3. Añadir el caldo y la pasta de tomate.
4. Añadir el condimento italiano, pimienta de cayena, tomillo, sal y pimienta.

5. Hervir, reducir el fuego a bajo, y cocine a fuego lento hasta que las lentejas y la calabaza estén tiernas durante 25 minutos.

Sopa De Calabaza Y Lentejas Simple

Ingredientes:

- 1 taza de lentejas rojas secas
- 1 taza de calabaza de mantequilla - pelada, sin semillas y en cubos
- 2 tazas de caldo de verduras
- Y la mitad (14 onzas) la lata de leche de almendras
- 1 cucharadita de tomillo
- 1 cucharada de margarina vegana

- 1 cebolla roja pequeña, picada

- 4 dientes de ajo picados

- Y un cuarto de tsp. Pimienta de cayena

- 1 pellizco de nuez moscada molida

- Sal y pimienta al gusto

Direcciones:
1. Calentar la olla a fuego medio y derretir la margarina vegana
2. Saltee la cebolla y ajo hasta que la cebolla esté tierna.
3. Añadir las lentejas y calabaza en la olla.
4. Añadir el caldo y la leche de almendras.
5. Añadir el tomillo, pimienta de cayena, nuez moscada, sal y pimienta.
6. Hervir, reducir el fuego a bajo, y cocine a fuego lento hasta que las lentejas y la calabaza estén tiernas durante 25 minutos.

Sopa De Zanahoria Y Estragón

Ingredientes:

- 1 zanahoria pequeña, pelada y en rodajas finas
- 1 costilla de apio, en rodajas finas
- Y media cucharadita de estragón seco
- 2 tazas de caldo de verduras
- 3 cucharadas de aceite de oliva virgen extra
- 1 cebolla roja pequeña picada
- 2 cucharadas de vinagre de vino blanco

Direcciones:
1. Calor de aceite a fuego medio-alto.
2. Saltee las cebollas hasta que estén tiernas durante unos 5 minutos.

3. Añadir zanahorias, apio y estragón, y cocinar durante otros 5 minutos, o hasta que las zanahorias se vuelvan tiernas.
4. Añadir caldo de verduras y vinagre de vino.
5. Hervir y reducir a fuego lento, y cocinar durante 15 minutos más.

Ensalada De Huevo A La Romana

Ingredientes:

- 1 cucharadita de mostaza
- 1 cucharadita de jugo de limón
- Sal marina y pimienta a gusto
- 6 Huevos
- 2 cucharadas de mayonesa
- 4 Hojas de lechuga Romana

Direcciones:
1. Cocine los huevos (huevos duros).
2. Coloque los huevos duros en un procesador con la mayonesa, la mostaza, el jugo de limón, la sal y la pimienta a gusto.

3. En una fuente coloque la lechuga cortada para ensalada y vierta la mezcla anterior. Revuelva todos los Ingredientes:
4. Sirva
5. Puede guardar el resto de la pasta en la heladera en un recipiente cerrado por 2 días

Coles De Brusela A La Crema

Ingredientes:

- 1 cucharada de aceite de oliva

- 2 dientes de ajo

- 2 libras de coles de Bruselas cortados en rodajas finas

- 12 cucharadita hojuelas de pimiento rojo triturado, y más para decorar

- Sal kosher

- Pimienta negra recién molida

- 12 taza mayonesa

- 2 huevos, ligeramente batidos

- 1 cucharada. aceite de oliva virgen extra

- 12 cebolla amarilla grande, picada

- Ralladura de 12 limón

- 12 taza queso vegetariano triturada

- 2 cucharadas. perejil recién picado

Direcciones:
1. Caliente el horno a 200 C.
2. En una sartén grande a fuego medio, caliente el aceite.
3. Agregue las cebollas y cocine hasta que estén blandas, 6 minutos.
4. Agregue el ajo y cocine por 1 minuto.
5. Agregue las coles de Bruselas y las hojuelas de pimiento rojo y cocine hasta que estén tiernos, 7 minutos más.
6. Sazone con sal y pimienta, luego retire del fuego y deje enfriar.

7. En un tazón grande, mezcle la mayonesa, los huevos, la ralladura de limón y los quesos y sazone con sal y pimienta.
8. Agregue las verduras enfriadas y transfiéralas a una fuente para hornear mediana.
9. Hornee hasta que la superficie esté dorada y el queso burbujeante, de 30 a 35 minutos.
10. Adorne con perejil, y hojuelas de pimiento rojo y sirva de inmediato.

Ensalada Griega Vegana

Ingredientes:

- 5 tomates.

- 150 g queso Feta vegano.

- 150 g de aceitunas negras

- 1 cda de orégano.

- Aceite de oliva virgen extra.

- 1 cebolla morada pequeña.

- 1 pepino.

- 1 pimiento verde mediano.

- Sal y pimienta al gusto.

Direcciones:

1. Lavamos y cortamos todos los vegetales en trozos pequeños, cortamos en dados el queso Feta y los incorporamos todos en un bol, agregamos la sal, pimienta, aceite y orégano y removemos todo.
2. Así estará lista nuestra ensalada.

Ensalada De Patata, Aguacate Y Cebolleta

Ingredientes:

- 4 patatas medianas.

- 2 cebolletas.

- 2 aguacates.

- 100g de perejil.

- Vinagre de manzana.

- Sal.

- Aceite de oliva.

Direcciones:

1. En una olla con suficiente agua colocamos las patatas con su piel, las hervimos hasta que estén blandas, comprobando con un tenedor al pinchar.
2. En unos 30 minutos ya deben haberse cocido.

3. Las retiramos y escurrimos el agua, luego pelamos y cortamos en cuadritos.
4. Luego la colocamos en un bol, donde agregaremos la cebolla cortada en julianas y el aguacate, sin piel y cortado en pequeños trozos.
5. Añadimos el perejil muy bien picado, colocamos aceite de oliva y un poco de vinagre. Ya puedes servir.

Ensalada Con Coles De Bruselas Y Queso

Ingredientes:

- ½ cucharadita Vinagre de sidra de manzana
- Pimienta al gusto
- Sal al gusto
- 1 cucharada de queso parmesano
- 6 coles de Bruselas
- 1 cucharadita de aceite de oliva
- ½ cucharadita Jugo de limón

Direcciones:

1. Lava y seca las coles de Bruselas, córtalas por la mitad hasta las raíces.
2. Corta en rodajas finas, y tíralas en un recipiente.

3. Añade el aceite, la sidra de manzana, la pimienta, la sal y la mezcla.
4. Espolvorea el queso parmesano y sirve. También puedes rociar con jugo de limón.
5. Sirve.

Cereales Keto Bajo En Carbohidratos

Ingredientes:

- 2 tazas de cereal Keto

- ½ taza Fresa en rodajas

- ¼ taza Almendras de chocolate oscuro tostadas

- 1,5 tazas de leche de almendras sin endulzar

- 1 cucharada de aceite de coco

- 1 paquete de copos de coco

- 1 cucharadita de canela en polvo

Direcciones:

1. Engrasa la lámina de la galleta con aceite de coco y vierte los copos de coco sobre ella para formar una capa.

2. Hornea en el horno precalentado a 350 grados durante 5 minutos.
3. Vigila, revuelve las hojuelas, deja que se tuesten y se bronceen.
4. Saca el plato y espolvorea canela en polvo, añade cereal keto, fresa en rodajas, almendras tostadas de chocolate negro y leche de almendras sin azúcar.
5. Sirve.

Sándwich De Ensalada De Atún Y Eneldo

Ingredientes:

- 1 pizca de eneldo seco
- Pimienta al gusto
- Sal al gusto
- 5-6 pepinillos
- 1 lata de atún
- 3 cucharadas de mayonesa
- Brochetas

Direcciones:
1. Coge atún, mayonesa, eneldo seco, pimienta, sal y pepinillo.
2. Combina los Ingredientes:, dejando a un lado los pepinillos, y refrigéralo durante 30 minutos.

3. Coloca la mezcla entre dos pepinillos, asegurarlos con una brocheta.
4. Servir.

Coles De Bruselas Salteadas

Ingredientes:

- 2 oz de cebolla, picada
- 3 dientes de ajo, picados
- 1 12 cucharada de aceite de oliva
- 2 libras de coles de Bruselas, quitar los tallos y triturar las coles de Bruselas
- Pimienta
- Sal

Direcciones:
1. Caliente el aceite de oliva en una sartén a fuego medio.
2. Agregue la cebolla y el ajo y saltee durante 5 minutos.

3. Agregue las coles de Bruselas y saltee a fuego medio-alto durante 5-7 minutos. Sazone con pimienta y sal.
4. Servir y disfrutar.

Ensalada De Nabos Y Zanahorias

Ingredientes:

- 1 zanahoria, rallada
- 1 pimiento verde picado
- 1 cucharadita de sal
- 1 nabo, rallado
- 14 cucharadita de eneldo
- 3 tazas de repollo, rallado

Direcciones:
1. Agregue el repollo y la sal en un tazón.
2. Cubra el recipiente y déjelo a un lado durante 40 minutos.
3. Lavar y repollo y secar bien.
4. Agregue el repollo en un tazón con los Ingredientes: restantes y mezcle bien.

5. Servir y disfrutar.

Gratinado De Calabaza Dorada, Pimiento Morrón Y Tomate

Ingredientes:

- 1 12 cucharada de aceite de oliva
- 1 diente de ajo picado
- 12 libra de tomates, en rodajas
- 2 cucharadas de hojas frescas de albahaca, finamente picadas
- 12 taza de queso parmesano vegano
- 12 taza de pan rallado vegano
- 1 calabaza dorada o amarilla, picada
- 1 pimiento rojo pequeño, picado
- 1 cebolla pequeña, picada

- Sal al gusto

- Pimienta en polvo al gusto

Direcciones:
1. Ponga una sartén a fuego medio. Agrega 1 cucharada de aceite de oliva.
2. Cuando el aceite esté caliente, agregue la cebolla y el ajo.
3. Freír hasta que las cebollas estén transparentes.
4. Agregue la calabaza, el pimentón, la sal y la pimienta.
5. Cocine hasta que la calabaza esté tierna.
6. Agregue 2 cucharadas de queso, mezcle bien y coloque en una fuente para hornear engrasada.
7. Coloque las rodajas de tomate sobre la calabaza.
8. Espolvoree sal y pan rallado sobre la capa de tomate.

9. Finalmente, espolvoreamos con el resto del queso.
10. Hornee en horno precalentado a 425 ° F durante unos 20 minutos o hasta que el pan rallado esté dorado. Sirva caliente o tibio.

Chile Vegetariano

Ingredientes:

- 12 lata de 14.5 onzas de tomates picados, triturados
- 12 lata de 15 onzas de granos enteros de maíz, escurridos
- 1 cebolla picada
- 12 pimiento verde picado
- 12 pimiento rojo picado
- 1 tallo de apio picado
- 2 dientes de ajo picados
- Sal y chile en polvo al gusto
- 12 cucharada de orégano seco

- 12 cucharada de perejil seco

- 12 lata de 19 onzas de sopa de frijoles negros baja en sodio

- 12 lata de 15 onzas de frijoles rojos, sin sal, enjuagados y escurridos

- 12 lata de 16 onzas de frijoles horneados vegetarianos

- 12 lata de 15 onzas de garbanzos, sin sal, enjuagados y escurridos

- 12 cucharada de albahaca seca

Direcciones:
1. Pon todos los Ingredientes: en una cacerola.
2. Pon la olla a fuego medio. Llevar a hervir.
3. Reducir el fuego, tapar y cocinar durante unos 20 minutos.
4. Revuelva y sirva en tazones de pan tostado.

Hongos Picantes

Ingredientes:

- 1 cebolla picada

- 6 dientes de ajo picados 1 cucharadita comino molido

- ½ cucharadita Orégano seco

- ½ cucharadita pimentón ahumado

- ¼ de cucharadita canela molida

- ¼ de cucharadita sal

- ¼ de taza de agua

- 8 oz. champiñones blancos, picados

- 2 chiles grandes, como guajillo, poblano o Nuevo México, sin semillas y picados

- 1 cucharadita aceite de oliva

- 1 cucharadita vinagre de cidra

Direcciones:

1. Caliente el aceite en una sartén grande a fuego medio-alto. Cuando el aceite esté caliente, agregue las cebollas a la sartén y saltee hasta que estén suaves y translúcidas, aproximadamente 5 minutos.
2. Agregue el ajo a la sartén y saltee por un minuto más.
3. Transfiera la mitad de la cebolla y el ajo a una licuadora o procesador de alimentos.
4. Agregue los champiñones a la sartén y cocine por 5 minutos más.
5. Mientras tanto, agregue los chiles a la licuadora o procesador de alimentos. Agrega comino, orégano, pimentón, canela, sal y agua. Mezclar hasta que esté suave.

6. Transfiera la mezcla de salsa licuada a la sartén.
7. Cocine a fuego lento hasta que la salsa esté completamente caliente y burbujeante, aproximadamente 5 minutos.
8. Sirve los champiñones calientes con coliflor al vapor.

Fideos De Calabacín Con Hierbas

Ingredientes:

- 1 taza de hojas frescas de albahaca
- ¼ taza de nueces 2 dientes de ajo
- ½ limón
- ¼ taza de queso parmesano rallado 1 cucharada. aceite de oliva
- Sal y pimienta para probar
- 3 calabacines medianos
- ½ cucharadita sal
- ½ aguacate

Direcciones:
1. Con un pelador de verduras, corte el calabacín en tiras muy finas.

2. Use solo la piel y la pulpa exterior del calabacín, deteniéndose una vez que llegue a las semillas en el centro.
3. Mezcle los calabacines con sal en un colador. Dejar de lado.
4. Coloque el aguacate, la albahaca, las nueces, el ajo, el limón y el queso en una licuadora o procesador de alimentos y presione hasta que quede suave.
5. Agregue agua para ajustar la consistencia si es necesario.
6. Caliente 1 cucharada de aceite de oliva en una sartén a fuego medio.
7. Saltee el calabacín hasta que comience a ablandarse, aproximadamente 3-5 minutos. Transfiera a un tazón para mezclar.
8. Mezcle suavemente el calabacín con el aderezo hasta que esté bien cubierto.

Crema De Zanahoria De Almendras Y Sopa De Apio

Ingredientes:

- 1 zanahoria pequeña, pelada y en rodajas finas
- 1 costilla de apio, en rodajas finas
- 5 dientes de ajo picados
- 1 taza de caldo de verduras
- 1 taza de leche de almendras
- 3 cucharadas de mantequilla veganamargarina
- 1 cebolla roja pequeña picada
- 2 cucharadas de vinagre de vino blanco

Direcciones:

1. Derretir la mantequilla vegana a fuego medio-alto.
2. Saltee las cebollas hasta que estén tiernas durante unos 5 minutos.
3. Añadir zanahorias, apio y ajo, y cocinar durante otros 5 minutos, o hasta que las zanahorias se vuelvan tiernas.
4. Añadir caldo de verduras, leche de almendras y vinagre de vino.
5. Hervir y reducir a fuego lento, y cocinar durante 15 minutos más.

Sopa De Zanahoria Tailandesa Y Apio

Ingredientes:

- 1 costilla de apio, en rodajas finas
- y media cucharadita de chiles de pájaro tailandés
- 2 tazas de caldo de verduras
- 2 cucharadas de vinagre de jerez
- 3 cucharadas de aceite de semillas de sésamo
- 1 cebolla roja pequeña picada
- 1 zanahoria pequeña, pelada y en rodajas finas

Direcciones:
1. Calentar el aceite de sésamo a fuego medio-alto.

2. Saltee las cebollas hasta que estén tiernas durante unos 5 minutos.
3. Agregue las zanahorias, el apio y los chiles de aves tailandeses, y cocine durante otros 5 minutos, o hasta que las zanahorias se vuelvan tiernas.
4. Añadir caldo de verduras y vinagre de jerez.
5. Hervir y reducir a fuego lento, y cocinar durante 15 minutos más.

Sopa De Zanahoria Francesa Cremosa

Ingredientes:

- 1 perejil pequeño, pelado y cortado en rodajas finas
- 1 costilla de apio, en rodajas finas
- y media cucharadita de hierbas de provenza
- 2 tazas de caldo de verduras
- 3 cucharadas de mantequilla vegana derretidamargarina
- 1 cebolla amarilla pequeña picada
- 2 cucharadas de vinagre de vino blanco

Direcciones:
1. Calor de aceite a fuego medio-alto.
2. Saltee las cebollas hasta que estén tiernas durante unos 5 minutos.

3. Añadir los perejil, el apio y el estragón, y cocinar durante otros 5 minutos, o hasta que las zanahorias se vuelvan tiernas.
4. Añadir caldo de verduras y vinagre de vino.
5. Hervir y reducir a fuego lento, y cocinar durante 15 minutos más.

Ensalada A La Romana

Ingredientes:

- 30 gramos de queso vegetariano a gusto
- ½ aguacate
- ½ tomate
- 1 cucharada de aceite de oliva
- 1 lechuga Romana pequeña

Direcciones:
1. Lave la lechuga y cortela en trozos para ensalada, vierta mezcle los Ingredientes: y sazone con el aceite de oliva y sal a gusto. Sirva

Ensalada De Tomate Y Queso Vegetariano

Ingredientes:

- 1 tomate
- ½ taza de albahaca fresco
- Aceite de oliva a gusto
- 6 oz de queso vegetariano a gusto
- Pimienta a gusto y sal marina

Direcciones:
1. En un procesador mezcle la albahaca con 2 cucharaditas de aceite de oliva para hacer una pasta
2. Corte el tomate en rebanadas.
3. Obtenga 6 rebanadas de tomate
4. Corte queso vegetariano en rebanadas
5. En un plato coloque primero el tomate, luego el queso y por último la pasta de albahaca

6. Condimente con sal y pimienta y un poco de aceite de oliva

Mayonesa De Zanahoria

Ingredientes:

- 1 zanahoria grande.
- ¼ taza de aceite de oliva.
- ½ diente de ajo.
- ¼ cda de sal.
- jugo de 12 limón.

Direcciones:

1. lavar, cortar y cocinar las zanahorias, solo que estén blandas, más no pasadas.
2. Dejar enfriar, luego se licua esta junto con los demás Ingredientes: hasta hacer una mezcla muy uniforme.
3. El aceite se le puede ir agregando a medida que se procese, buscando la consistencia deseada.

4. Luego se refrigera y se puede consumir ya.
5. No se debe congelar ya que esto alterara su sabor.

www.ingramcontent.com/pod-product-compliance
Lightning Source LLC
LaVergne TN
LVHW010217070526
838199LV00062B/4638